BEI GRIN MACHT SICH IHR WISSEN BEZAHLT

Zeynep Ören

Selbst- und Zeitmanagement am Beispiel der Klausur-vorbereitung

GRIN Verlag

Bibliografische Information der Deutschen Nationalbibliothek:

Die Deutsche Bibliothek verzeichnet diese Publikation in der Deutschen National-
bibliografie; detaillierte bibliografische Daten sind im Internet über http://dnb.d-
nb.de/ abrufbar.

Impressum:

Copyright © 2010 GRIN Verlag GmbH
Druck und Bindung: Books on Demand GmbH, Norderstedt Germany
ISBN: 978-3-640-72189-4

Dieses Buch bei GRIN:

http://www.grin.com/de/e-book/156723/selbst-und-zeitmanagement-am-beispiel-
der-klausurvorbereitung

Freie Universität Berlin
Fachbereich Erziehungswissenschaften und Psychologie
Einführung in das Wissensmanagement

Sommersemester 2009/2010

Ausarbeitung

Selbst- und Zeitmanagement

Zeitmanagement am Beispiel der Klausurvorbereitung

Tag der Einreichung: 15.08.2010

1

Gliederung

1.Einleitung

Sei es in der Schule, im Studium oder Beruf, bei vielen Menschen entsteht Stress, indem sie ihren Alltag nicht organisieren können und dadurch permanent unter Zeitdruck stehen. Sie nehmen sich zu viel Arbeit vor, so dass sie in ihrer Freizeit nicht abschalten können. Es kann dennoch gelingen, wichtige Dinge zu erledigen und gleichzeitig Zeit für sich zu haben.

Diese Ausarbeitung beschäftigt sich daher mit dem Thema „Selbst-und Zeitmanagement". Im Vordergrund steht zunächst die Frage, was Zeit eigentlich ist. Daraufhin wird zum Verständnis der Begriff Zeitmanagement erläutert und gezeigt, wie eine richtige Zeitplanung aussehen kann. Anschließend wird eine Methode, das so genannte Eisenhower-Prinzip, vorgestellt und ihre Funktionsweise näher erläutert. Im Anschluss darauf wird die Universität ins Blickfeld gerückt, indem das Zeitmanagement am Beispiel der Klausurvorbereitung verdeutlicht werden soll. Zum Schluss werden die wichtigsten Punkte kurz nochmal zusammengefasst.

2. Was ist Zeit?

"Wenn mich niemand danach fragt, weiß ich es; will ich einem Fragenden es erklären, weiß ich es nicht", so antwortete Augustinus (354-430) auf die Frage „Was ist Zeit?" (vgl. Kangrga, M., S. 75). Das Phänomen Zeit hat die Menschen zu allen Zeiten beschäftigt und unterschiedliche Kulturen sind bei ihren Überlegungen oft zu völlig unterschiedlichen Ergebnissen gekommen.

Inzwischen ist der Begriff Zeit auch in unserem Leben allgegenwärtig, und es erscheint uns selbstverständlich, dass wir wissen, worum es dabei geht: „Die Zeit vergeht wie im Flug", „Ich habe keine Zeit" etc. Sobald aber über das Wesen der Zeit tiefer nachgedacht wird, findet man sich bald in der von Augustinus so trefflich beschriebenen Situation: Was ist denn die Zeit? Wenn niemand einen danach fragt, so weiß man es. Wird man jedoch danach gefragt und soll es erklären, so weiß man es nicht. Sie ist demnach neben der Physik auch ein Gegenstand der Philosophie.

Ob nun Platon, Aristoteles, Augustinus, oder Kant, sie alle haben sich mit dem Wesen der Zeit befasst und haben das Verständnis der Zeit und den Blickwinkel auf sie erweitert un weitreichend geprägt. Jedoch würde eine weitere Ausführung der einzelnen Gedanken der Philosophen den Umfang der Ausarbeitung sprengen.

Allerdings zeichnet eine Sache die Zeit aus, und zwar ihre völlige Unabhängigkeit von allem Geschehen. Sie steht uns immer zur Verfügung, ob wir sie verschwenden oder nicht. Die Zeit ist weder teilbar noch vermehrbar und sie ist „das am gerechtesten verteilte Gut", denn jeder Mensch hat für den Tag gleichviel zur Verfügung, um genau zu sein: 24 Stunden bzw. 1.440 Minuten oder 86.400 Sekunden. Wenn also jemand in einer bestimmten Zeit weniger erreicht als ein anderer, liegt es nicht an der Ungleichheit des Zeitverhältnisses, sondern an der Art und Weise, wie die Zeit genutzt wird. Sobald diese Erkenntnis eintrifft, gibt es einen hilfreichen Weg seine Zeit besser zu nutzen, zu planen und einzuteilen. Dazu dient nämlich das *Selbst- und Zeitmanagement*.

3. Zum Begriff Zeitmanagement

„Zeitmanagement heißt, die eigene Zeit bewusst zu steuern, um sich auf das Wesentliche konzentrieren zu können, und zwar sowohl im Beruflichen als auch im Privaten (...)." (Bossong, C. 2000, S.5).

„Timemanagement ist die Kunst, die eigene Zeit bewusst und eigenverantwortlich einzuteilen, um das persönliche Zeit-Potenzial ökonomisch und effektiv zu nutzen. Das Ziel: Zeit gewinnen für das, was einem im Leben wichtig ist!" (Gorski, K. 2007 ,S.3).

Zeitmanagement beinhaltet die organsierte und systematische Planung der Zeit, um diese optimal zu nutzen. Dabei ist der Begriff Zeitmanagement irreführend, da nicht die Zeit an sich geplant bzw. an ihr gespart wird, indem eine 15-stündige Arbeit in 12 Stunden erledigt wird. Es geht vielmehr darum, Zeit zu schaffen für Vorhaben, die einem wichtig sind und mehr Zeit für Erholung und Freizeit einzuräumen.
Sie ist ein Teilbereich des Selbstmanagements, und hat viel mit Selbstdisziplin zu tun. Die beiden Begriffe treten deswegen zusammen auf.

Im letzten Jahrzehnt hat sich im Zeitmanagement ein Wertewandel vollzogen, der möglicherweise darauf zurückzuführt werden kann, dass die Menschen immer weniger Zeit für sich selbst haben, dafür aber umso mehr auf der Arbeit verbringen. Demzufolge sind sie unzufrieden. Ein angemessener Umgang mit der Zeit und die Rückkehr zur natürlichen Zeitordnung soll angestrebt werden. Jedoch muss erst erlernt werden, sich Zeit für sich zu nehmen, ohne dabei ein schlechtes Gewissen zu haben.

3.1 Wie plane ich meine Zeit richtig?

Doch wie sieht diese *organsierte* und *systematische* Planung der Zeit aus? Als erstes werden anhand eines Zeitprotokolls (s. Abb. 1)[1] für einen Zeitraum von 10 oder 20 Tagen Tätigkeiten und die verbrachte Zeit mit dieser Tätigkeit notiert. So soll festgestellt werden, ob bezüglich der Zeitökonomie eine Unzufriedenheit herrscht oder die Zeit für Familie und Freunden im Verhältnis zum Alleinsein zu kurz kommt (vgl. Rost, F. 2008, S.102-103). Anhand der Erkenntnisse des Ist-Zustands wird die weitere Planung durchgeführt. Anschließend folgt nämlich die Tages-/Wochenplanung, besser bekannt als To-Do-Liste. Vorausgesetzt wird, dass die Planung schriftlich erfolgt, um im Nachhinein in der Lage zu sein die Kontrolle durchzuführen, damit Fehler beim nächsten Mal vermieden werden. Die Verschriftlichung, die ca. 5-15 Minuten in Anspruch nimmt, kann einen Tag/eine Woche vorher oder am selben Tag erfolgen. Allerdings darf nur 60% eingeplant werden und die restlichen 40% sollten für „ungeplante" Dinge freigehalten werden, da man auf sie keinen direkten Einfluss hat. Schließlich muss noch Zeit für Freizeit und Erholung eingeplant werden, um einen gesunden Ausgleich zwischen Erholung und Arbeit herzustellen. Denn durch das Zeitmanagement soll mehr Zufriedenheit und weniger Stress im Alltag erzielt werden.

Zuvor ist aber immer die *schwierige* Entscheidung zu treffen, ob das eine *oder* das andere wirklich wichtiger ist d.h. zu entscheiden, welche Tätigkeit als erstes in Angriff genommen werden soll. Um diese Entscheidung zu vereinfachen und effektiv zu lösen, sollte eines beherrscht werden: Das Setzen von Prioritäten. Denn sonst gerät alles auf die To-do-Liste und man verliert schnell den Überblick.

---

[1] Rost, F. 2008, *Lern –und Arbeitstechniken für das Studium*

Abbildung 6-1: Muster für einen Auswertungsbogen für ein zehntägiges
Zeitprotokoll

Klassi-fikation	Tätigkeiten wie	Mo.	Di.	Mi.	Do.	Fr.	Sa.	So.	Mo.	Di.	Mi.	$\sum$	$\varnothing$
I.1	Vorlesung, Seminar, Übung, Praktikum												
I.2	Selbststudium, Vor- und Nach-bereitung, Lesen, Schreiben												
I.3	Bibliotheksarbeit, (Internet-) Recherche												
II.1	Erwerbstätigkeit												
III.1	Wegezeiten												
IV.1	Schlafen												
IV.2	Haushaltstätigkeiten, z. B. Kochen												
IV.3	Körperpflege												
V.1	TV, Radio, Phono, Kino, Theater, Privatlektüre, „Gammeln												
V.2	Spaziergänge, Gymnastik, Sport												
V.3	Hobby, z. B. Musizieren												
V.4	Geselligkeit, Gespräche, Telefonate												
VI.1	Restkategorie, z. B. Arztbesuch, Behördengang etc.												

(Abb. 1)

4. Das Eisenhower-Prinzip

Um Prioritäten richtig setzen zu können, eignet sich das Eisenhower-Prinzip, welches
nach dem amerikanischen General und späteren Präsidenten Eisenhower benannt wurde.
Es ist eine Methode anstehende Aufgaben bzw. Tätigkeiten in eine Reihenfolge zu
bringen, indem die beiden Dimensionen *Wichtigkeit* und *Dringlichkeit* unterschieden
werden.

Wichtige Aufgaben sind von ihren inhaltlichen Konsequenzen her bedeutend. Eine
Zuordnung in der Dimension 'wichtig' setzt eine eigene Zielsetzung voraus, denn nach
Eisenhower sind wichtige Tätigkeiten jene, die insbesondere der Erreichung eigener
Ziele dienen. *Dringende Aufgaben* haben einen zeitlich nahen Erfüllungstermin. Als
'dringend' sind alle Aufgaben zu interpretieren, die eine unmittelbare Aufmerksamkeit

fordern und nicht verschoben werden können. [2]

Trägt man schließlich Wichtigkeit und Dringlichkeit in einem Diagramm auf, kann
man vier Aufgabentypen unterscheiden: A, B, C und P (s. Abb. 2)[3]:

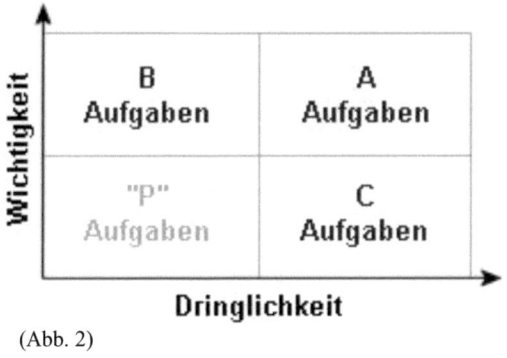

(Abb. 2)

Es entstehen vier Felder, von denen das Feld A die Aufgaben beinhaltet, die sowohl
wichtig als auch dringend sind, daher sollten diese Aufgaben sofort erledigt werden. Ins
Feld B fallen alle Aufgaben rein, die wichtig, aber nicht dringend sind. Diese werden
erst dann gemacht, wenn alle Aufgaben im Feld A schon erledigt sind. Im Feld C sind
die Aufgaben enthalten, die sehr dringend, aber nicht wichtig sind. Und im letzten Feld
sind alle nicht wichtigen und nicht dringenden Aufgaben. Diese landen daher im
„Papierkorb" und werden erst gar nicht erledigt d.h. vorerst nicht mit in die
(Zeit)Planung aufgenommen. Die Einteilung der Aufgaben in „wichtig" und/oder
„dringend" steigert die Effektivität, indem alles rechtzeitig erledigt wird ohne auf die
Freizeit zu verzichten.

Neben dem Eisenhower-Prinzip gibt es auch die sogenannte ALPEN-Methode. Der
Aufbau ähnelt der schon beschriebenen Zeitplanung, wobei das Wort „**ALPEN**" hierbei
als Eselsbrücke sehr nützlich ist:

---

[2] URL: http://www.managerseminare.de/Tools/Das-Eisenhower-Prinzip,154030 (Stand: 15.08.2010)
[3] http://www.anleiten.de/images/selbstorg04.gif

Aufgaben, Termine und geplante Aktivitäten notieren

Länge schätzen

Pufferzeiten einplanen

Entscheidungen treffen

Nachkontrolle

5. Zeitmanagement im Studium

Ein weiterer Bereich, indem das Zeitmanagement heutzutage sehr stark zum Tragen kommt, ist das Studium. Während des Studiums haben StudentInnen im Vergleich zur Schulzeit eine freiere Einteilung ihrer Zeit. Jedoch fällt es vielen StudentInnen schwer ihre Zeit effektiv zu nutzen, denn man benötigt eine gute Einschätzung der eigenen Arbeitsfähigkeit. Hinzukommt die oftmals fehlende Rückmeldung zur Arbeitseffizienz der Studierenden durch die Lehrenden (vgl. Rost, F. 2008, S.101). Andererseits kommt es, wenn eine Hausarbeit, Klausur oder ähnliches bevorsteht sehr schnell zum Zeitdruck.

5.1 Vor- und Nachteile von Zeitdruck

Während der Begriff Zeitdruck bei vielen negative Gedanken hervorruft, gibt es wiederum welche, die ihn bewusst entstehen lassen, um besser lernen zu können. Infolgedessen besitzt Zeitdruck sowohl Vorteile als auch Nachteile.

Ein Vorteil ist zum einen die steigende Konzentrationsfähigkeit, indem man nur noch auf seine Arbeit fixiert ist. Oftmals tritt das so genannte Flow-Erleben auf, welches dazu führt, dass die Person beim Lernen aufgeht und das Gefühl bekommt, den Lernstoff ohne große Mühe zu meistern. Andererseits ist mit Zeitdruck auch Ungeduld verbunden, da die Angst besteht nicht rechtzeitig fertig zu werden. Dies löst Stress aus und es kommt infolgedessen zu Lern- und Denkblockaden. Schließlich kommt es zur Erschöpfung, sowohl des Körpers als auch des Geistes, obwohl man noch gar nicht richtig angefangen hat.

5.2 Hilfreiches für die Klausurvorbereitung

Damit die Zeit auch beim Lernen für die Klausur richtig genutzt werden soll und dabei den negativen Folgen von Zeitdruck entgegenzusteuern, werden im Folgenden nun einige hilfreiche Tipps für die Klausurvorbereitung vorgestellt.

Es ist zum einen wichtig, nicht lange am Lernstoff zu sitzen, sondern kürzere Abschnitte zu lernen d.h. statt einer ganzen Stunde sollte man viermal jeweils 15 Minuten lernen. Weiterhin sollten längere Pausen dazu genutzt werden, um Sport zu treiben, sei es Joggen, Radfahren oder auch Gymnastikübungen zu Hause. Genauso ist darauf Acht zu geben, Monotonie zu vermeiden, indem der Lernstoff einem anderen erklärt wird oder Stichpunkte gemacht werden statt nur die Unterlagen zu lesen. Auch das Nachzeichnen von Modellen, um sie nachzuvollziehen, ist sehr hilfreich. Ferner soll das Prinzip der Wichtigkeit und Dringlichkeit auch hier genutzt werden. Man sollte sich feste Zeiten zum Lernen nehmen, da jeder einen individuellen Biorhythmus besitzt, in dem es leistungsstärkere und leistungsschwächere Zeiten gibt. Damit das Ziel des Zeitmanagements auch zum Tragen kommen soll, muss versucht werden, das schlechte Gewissen zu „besiegen", indem man innerhalb der Erholungsphase nicht erwähnt, dass man eigentlich lernen müsste. Denn dadurch kommt es nie zur wirklichen Erholung und Freizeit, die mittels des Zeitmanagements angestrebt wird. Es wird ersichtlich, dass es für StudentInnen von Vorteil ist, je früher sie mit den Methoden des Zeitmanagements vertraut sind. Spätestens in Seminaren an der Universität sollten sie etwas davon gehört haben und bestenfalls die Methoden für ihr eigenes Studium umsetzen. So kann nämlich gewährleistet werden, dass sie im späteren Berufsleben von Anfang an einem gesunden Ausgleich von Arbeit und Freizeit finden.

6. Resümee

Die Zeit zu „managen" hört sich meist leichter an als es in Wirklichkeit ist, denn Zeitmanagement ist verbunden mit viel Disziplin. Für viele Menschen fällt es daher schwer, die benötigte Geduld aufzubringen und so geraten sie dann meist in Zeitdruck. Es entgeht ihnen aber vieles, da Erholung und Freizeit zu kurz kommen. Sie bekommen Stress und beklagen sich über die Arbeit, die sie verrichten müssen.

Doch wer mit den Methoden des Zeitmanagements vertraut ist, wird merken, dass viel hinter dem Begriff steckt. Zum einen werden alle Arbeiten erledigt und zum anderen räumt man sich freie Zeit für sich ein, die zum Ausgleich und zur Zufriedenheit im Alltag führen. Zeitmanagement kann von jedem, ob Schüler, Student oder Berufstätiger etc., angewandt werden und ist individuell einsetzbar. Da die Zeit etwas Besonderes ist, von der jeder gleichviel „besitzt", sollte sie auch dem entsprechend genutzt werden. Das Zeitmanagement hilft neben dem oftmals stressigen Alltag endlich auch Zeit für sich zu finden und zufrieden den Tag zu beginnen.

7. Literatur- und Quellenverzeichnis

Bossong, Clemens (2000): *Effektives Zeitmanagement: Mehr erreichen in weniger Zeit.* Verlag Compact

Gorski, Katharina (2007)*: Strategien für effektives Zeitmanagement.* Norderstedt: Grin Verlag

Kangrga, Milan (2004): *Praxis - Zeit – Welt.* Würzburg: Verlag Königshausen & Neumann

Rost, Friedrich (2008): *Lern –und Arbeitstechniken für das Studium.* Wiesbaden: Verlag für Sozialwissenschaften/GWW Fachverlage

Internetquellen:

URL: http://www.managerseminare.de/Tools/Das-Eisenhower-Prinzip,154030 (Stand: 12.08.2010)

URL: http://www.anleiten.de/images/selbstorg04.gif (Stand: 10.08.2010)